Silmara Rascalha Casadei

Cortella

O PROFESSOR QUE LEVOU A SALA DE AULA PARA O MUNDO

Ednei Marx
ilustrações

1ª edição

© 2025 texto Silmara Rascalha Casadei
ilustrações Ednei Marx

© Direitos de publicação
CORTEZ EDITORA
Rua Monte Alegre, 1074 – Perdizes
05014-001 – São Paulo – SP
Tel.: (11) 3864-0111
editorial@cortezeditora.com.br
www.cortezeditora.com.br

Fundador
José Xavier Cortez

Direção Editorial
Miriam Cortez

Auxiliar Editorial
Amarílis Oliveira

Preparação
Isabel Ferrazzoli

Produtor Gráfico
José Garcia Filho

Revisão
Agnaldo Alves
Alexandre Ricardo da Cunha
Maisa Akazawa

Edição de Arte
Ednei Marx

Dados Internacionais de Catalogação na Publicação (CIP)
(Câmara Brasileira do Livro, SP)

Casadei, Silmara Rascalha
   Cortella : o professor que levou a sala de aula para o mundo /
Silmara Rascalha Casadei; Ednei Marx, ilustrações. - São Paulo:
Cortez Editora, 2025.

   ISBN 978-65-5555-566-0

   1. Cortella, Mario Sergio, 1954- 2. Educadores - Brasil -
Biografia 3. Filósofos - Brasil - Biografia
I. Marx, Ednei. II. Título.

25-266151   CDD-370.92

Índices para catálogo sistemático:

1. Educadores : Biografia 370.92

Cibele Maria Dias - Bibliotecária - CRB-8/9427

Impresso no Brasil – maio de 2025

Esta é a história de vida
de Mario Sergio Cortella.
O professor que levou a sala de aula para o mundo.
A ele, nossa homenagem!

Silmara Rascalha Casadei – autora
André Cortella – consultoria em dados biográficos

Gente grande de verdade sabe que é pequena

A ciência calcula que existam em nosso universo aproximadamente 200 bilhões de galáxias. Uma delas é a nossa, a Via Láctea, que significa "leite", em latim. Nem é uma galáxia tão grande.

Calcula-se que a Via Láctea tenha cerca de 100 bilhões de estrelas. Estamos em uma galáxia que é uma entre 200 bilhões, num dos universos possíveis e que vai desaparecer.

Esta nossa galáxia é repleta de estrelas, e uma delas é chamada de estrela anã. Sabem quem é ela? O Sol! Em volta dessa "estrelinha" giram algumas massas planetárias sem luz própria. A terceira delas, a partir do Sol, é a Terra.

A Terra é um planetinha que gira em torno de uma estrelinha, que é uma entre 100 bilhões de estrelas que compõem uma galáxia, que é uma entre 200 bilhões de galáxias e que vai desaparecer. Nesse lugarzinho tem uma coisa chamada Vida.

A ciência calcula que em nosso planeta haja mais de 30 milhões de espécies de vida, mas até agora só classificou por volta de 3 milhões. Uma delas é a nossa: *Homo sapiens*. Que é uma entre 3 milhões de espécies já classificadas, que vive num planetinha que gira em torno de uma estrelinha, que é uma entre 100 bilhões de estrelas que compõem uma galáxia, que é uma entre 200 bilhões de galáxias num dos universos possíveis e que vai desaparecer.

Essa espécie tem 8 bilhões de indivíduos. Um deles é você, pertencente a uma única espécie, entre outras 3 milhões de espécies classificadas, que vive num planetinha que gira em torno de uma estrelinha, que é uma entre 100 bilhões de estrelas que compõem uma galáxia, que é uma entre outras 200 bilhões de galáxias num dos universos possíveis e que vai desaparecer.

É por isso que todas as vezes na vida que alguém me pergunta: "Você sabe com quem está falando?", eu respondo:

"Você tem tempo?".

Mario Sergio Cortella

O dia era de pura alegria: 5 de março de 1954.

A criança nascia no mesmo dia do aniversário de sua mãe, a professora de escola rural e dona de casa, Emília Gonçalves Cortella.

O pai, Antonio Cortella, bancário, homem sério e trabalhador dedicado que adorava jogar futebol, aguardava com ansiedade.

Na cidade de Londrina, no hospital São Leopoldo, o médico, Dr. Jonas de Faria Castro Filho, finalmente anunciou:

— Tudo certo! Nasceu! É um menino!

Foi dupla comemoração com uma festa só!

Londrina foi fundada por britânicos. Devido à névoa que surgia na mata, principalmente no inverno, achavam que aquela pequena cidade do estado do Paraná, na região Sul do Brasil, parecia-se com Londres; portanto, Londrina significa "pequena Londres".

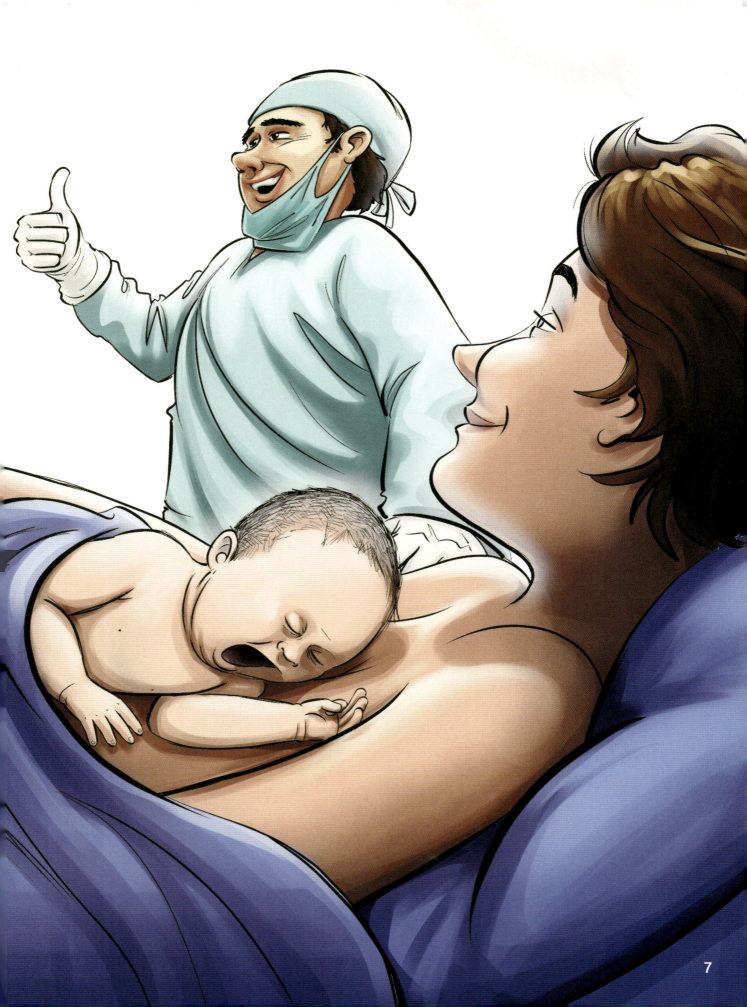

Como os pais gostavam muito de cinema, escolheram o nome de um famoso ator, "galã" na época, chamado Mario Sergio. Quem sabe o pequeno não seria famoso também?

Antonio Cortella registrou o filho com o nome de Mario Sergio Cortella. Ele seria o filho mais velho.

Mais dois irmãos nasceriam anos depois: Étore Cortella Neto e Maria Emília Cortella.

O ator Mario Sergio participou de muitos filmes, dentre eles um do gênero comédia intitulado *Uma pulga na balança*.

Quando criança, Mario Sergio brincava muito com seus vizinhos de bolinha de gude. O pião também era um brinquedo que não podia faltar.

Os habitantes do norte do Paraná eram chamados de pé-vermelho por causa da cor da terra.

Em casa aprendeu com a mãe a fazer seus próprios brinquedos. Com caixas de papelão, fios e outros objetos, montou seu próprio caminhão.

Ele foi crescendo e fazendo amigos. Sempre era possível brincar, não importava a estação do ano. No inverno, adorava brincar de inspirar e expirar a névoa da cidade junto com os amigos. Era uma delícia compartilhar as brincadeiras. Na primavera, passeavam nas ruas, apreciando os coloridos ipês.

É bom conviver com amigos em todas as estações do ano. No verão, para brincar em liberdade; no inverno, para brincar em casa; na primavera, para criar e ver florescer os ipês; no outono, para desfazer e refazer...

Naquela época, era comum que alguns gerentes de banco morassem com suas famílias no mesmo prédio da agência. O pai de Mario Sergio, que era gerente, também precisou viver ali por algum tempo. Imaginem um período sem cartões ou transferências eletrônicas, em que o dinheiro das pessoas era guardado em um cofre enorme, do tamanho de um quarto. Foi nesse cenário que Mario Sergio passou uma pequena parte da infância com a família. Curioso e inquieto, certo dia entrou no cofre para brincar. Seu pai, ao vê-lo ali, pousou a mão em seu ombro e lhe transmitiu uma lição inesquecível:

— Filho, o que não é teu, não é teu!

Entre seres humanos não existe a vivência, existe a convivência. Ser humano é ser junto!

em casa, o talharim com azeite e alho que a mãe fazia era simplesmente delicioso.

Na hora de servir, Mario observava o tomate que enfeitava o prato em formato de flor. Como dona Emília era caprichosa, criativa e carinhosa.

Naquela refeição todos os seus sentidos eram despertados. O cheiro da comida bem feita, o gosto delicioso, a visão da mesa bem-arrumada, o som da voz da mãe chamando para o almoço, o toque do seu abraço gostoso, a boa sensação da família reunida.

À noite, mais conversas e cantorias, ao som de músicas tocadas no rádio.

Aos seis anos, Mario Sergio chegou ao Grupo Escolar Hugo Simas, uma escola pública da cidade. O ano era 1961.

Ele já sabia ler por causa da mãe, que era professora e sempre o ajudava com livros, letras e histórias. Mas foi com a professora, dona Mercedes Martins Madureira, que aprendeu a escrever e a ler formalmente. Agora ele tinha lápis, cadernos, cartilha.

Ah, como ele gostava quando a professora segurava sua mão para ele conseguir escrever bonito...

O menino Mario Sergio estava bem feliz, indo e voltando da escola, estudando, brincando muito e conhecendo mais amigos.

Dos vários modos que existem para aprender a viver melhor, um deles que eu aprecio é o ato da escrita. Para escrever bem é preciso pensar bem.

Mas um dia algo diferente aconteceu. Com 7 anos, pegou uma doença chamada hepatite e precisou ficar por quase cem dias acamado, sem visitas, com alimentação restrita.

Cem dias na cama? Naquela época não tinha televisão na cidade dele e muito menos internet, apenas o rádio, feito um bom companheiro.

O que mais podia fazer, além de ouvir rádio?

Então ele se lembrou do seu gosto por gibis. Só que alguns dias depois já tinha lido todos os gibis que seus pais haviam conseguido. E eram muitos.

Foi quando ele viu os livros e começou, então, uma nova aventura...

Decidiu percorrer as páginas dos livros infantis que existiam em casa.

Ele leu toda a coleção de Monteiro Lobato: *Reinações de Narizinho*, *História do mundo para as crianças*, *Os doze trabalhos de Hércules*, entre outros títulos.

Faça o teu melhor, na condição que você tem, enquanto não tem condições melhores para fazer melhor ainda!

Bem, acontece que um mês depois já não havia mais o que ler.
A mãe conversou com a vizinhança, que resolveu cooperar, e aquelas pessoas, muito solidárias, começaram a emprestar os livros que tinham em casa. Foi um vaivém de livros.

É nosso dever cuidar da vida coletiva.

Dentre os títulos emprestados pela vizinhança, ele leu *O homem que calculava*, de Malba Tahan; *Os três mosqueteiros*, de Alexandre Dumas; *Dom Quixote*, de Cervantes.

Mesmo não compreendendo todo o conteúdo de algumas obras, esse período foi de muita saúde para a mente do menino Mario Sergio, pois lhe abriu uma grande janela para o conhecimento. Era como se tivesse adentrado na grande biblioteca do mundo. Nela, viu-se mergulhado em obras de grandes escritores, como Dostoiévski e Dante Alighieri.

Ah... Ele estava adorando esse momento da vida, em que só lia e era cuidado por todos.

E se ele não podia correr, nem brincar ao ar livre com os amigos, os pensamentos e os assombros diante dos livros não paravam de circular em sua mente.

Mario Sergio ainda não sabia tudo o que poderia saber, mas aos poucos ele descortinava o mundo por meio da leitura.

Leu muitas biografias, livros de pensamentos, história da mitologia, partes de enciclopédias.

E nunca mais saiu da grande biblioteca, mesmo depois de curado.

Biografias servem para conhecer personalidades inspiradoras que nos ajudam a pensar sobre muitos exemplos de superação com diversão e aprendizado.

Passados os cem dias, ele voltou à vida social. Aos domingos, depois da missa na Catedral, onde gostava muito de ser coroinha, ele e os amigos saíam para passear e assistir a filmes no Cine Augustus.

Era um tempo fértil, de diversas sensações, curiosidades e descobertas. Tempo de se apaixonar por Deus e pelas meninas, e também de fazer travessuras. De se achar grande para passear sozinho, e pequeno tendo medo do escuro. De ter figurinhas e de ter seus livros como companheiros.

Mario Sergio tinha um animal de estimação, que levava secretamente consigo no bolso interno da japona marrom que fazia parte do uniforme escolar: era uma aranha-caranguejeira chamada Matilde. Vez ou outra, ele mostrava a Matilde, provocando na turma um olhar admirado por aquela paixão tão específica. Ah, Matilde, Matilde...

Minha curiosidade me fez sempre perguntar e buscar a origem das coisas, das invenções e das palavras.

Aos doze anos, a brincadeira com os amigos o levou a outra paixão: o jogo de *bets* (também chamado de "taco") pelas ruas de Londrina. Ele estava no segundo ano ginasial – hoje, o sétimo ano – e começou a ficar meio desligado das suas tarefas escolares. No final do ano, precisou ficar de segunda época, atualmente chamamos de recuperação, em duas matérias: Matemática e Francês. Como só conseguiu nota em Matemática, Mario Sergio foi reprovado por causa do Francês.

Ele não entendeu direito e até estranhou por que deveria refazer o ano todo, se havia passado em todas as matérias e sido reprovado em apenas uma. Mas seus pais acataram a decisão da escola e não celebraram o final do ano como ele gostaria.

Mario Sergio, então, decidiu retomar os estudos, no ano seguinte, com mais afinco e dedicação. Resolveu organizar o tempo livre e fazer seu melhor.

Toda a vida é composta de erros e acertos. Muitos dizem que aprendem com os erros. Eu acho que aprendemos com a correção dos erros.

O ano de 1967 foi muito agitado para a família Cortella.

O pai, Antonio, mesmo tendo estudado apenas até a antiga 4ª série, dedicou-se com tanto afinco ao trabalho que acabou promovido como diretor no banco em que trabalhava e transferido para a agência matriz, na cidade de São Paulo.

A mudança de estado, no final de dezembro, envolveu todos da família.

Para Mario Sergio, agora com 13 anos, a chegada à nova cidade foi uma experiência de deslumbramento – da pequena Londrina, de quase cem mil habitantes, para São Paulo, com cinco milhões de habitantes na época.

Cidade plena de diversidade de lugares, aromas, cores e ruídos.

Quando chegaram, instalaram residência na Avenida Angélica, no bairro de Higienópolis.

Durante os primeiros meses na nova cidade, Mario Sergio criou um hábito: pelo menos três vezes por semana, ele pegava um ônibus circular nas proximidades de casa ou da escola, ia até o ponto final e voltava em outro, com destino diverso. Gostava de olhar, admirado e silente, as paisagens.

Quase em frente ao parque Buenos Aires, pertinho do apartamento onde morava, havia uma banca de jornal que vendia livros usados. Foi ali que ele comprou seu primeiro livro de Filosofia, *Meditações metafísicas*, de Descartes.

A saudade de Londrina foi sendo amenizada por seu interesse em descortinar a grande metrópole, cheia de ruídos, vida, cheiros e vielas.

Com novas amizades, passou a jogar futebol de salão nas quadras do Parque Ibirapuera, ao menos duas vezes por semana, e futebol de campo, uma vez por semana, onde hoje fica o Parque do Povo, próximo da Marginal Pinheiros.

São Paulo me dava uma mescla de emoções que remexiam minha curiosidade. Edifícios muito altos que, para mim, eram o além do mais além. A cidade me desafiava a decifrá-la ou por ela ser deglutido.

Sua vontade de desbravar lugares foi se ampliando para fazer parte de sua história de vida. Ele adorava viajar, descobrir, conhecer pessoas.

Em plena juventude, sua personalidade foi ficando cada vez mais comunicativa e extrovertida. Junto com os novos amigos, prazerosamente ia a festas de Carnaval, jogos de basquete e fazia pequenas viagens, pedindo carona em caminhões, ou tomando o trem na Estação Sorocabana, para desvendar mais cidades no interior do estado de São Paulo e no litoral, como Santos. Foi para cidades de outros estados, como Parque Vila Velha, em Ponta Grossa, Paraná; Carmo de Minas, em Minas Gerais; e Balneário Camboriú, em Santa Catarina.

Naqueles tempos, além das diversões, Mario Sergio já começava a se inquietar sobre qual caminho seguir. Participava de muitos movimentos. Porém, como seria seu futuro?

Qual seria sua profissão?

A juventude é uma época de descobertas, novos grupos e transformações de si. O que eu serei? Pois que eu seja alguém que tenha uma vida autêntica e relevante para mim e para outras pessoas. Que saiba cuidar de mim e dos outros.

O amor pela Filosofia foi chegando aos poucos, de mansinho, e foi se agigantando a partir da literatura, que o encantava.

Mario Sergio foi ficando entrelaçado com Sofia (tão sábia) e Filó (tão amorosa e amiga). E nunca mais se separaram.

Em 1972, decidiu no ano seguinte cursar Filosofia na Faculdade Anchieta, para transformar-se, ele próprio, num filósofo – um amigo da sabedoria.

"Ousai saber!", diria o filósofo Emanuel Kant.

No curso, muitas perguntas, estudos, reflexões. E já no primeiro ano, foi indicado por professores e colegas estudantes para ser, inicialmente, monitor do curso de Filosofia e, depois, assistente, iniciando em 1974 a carreira docente.

Descartes, um filósofo que seria a fonte inspiradora do primeiro livro que publicou, o ensinou a ter dúvidas metódicas.

"Será?", questionava o jovem Mario Sergio.

E se a gente nunca precisasse dormir?
Por que as coisas existem?
É bom compartilhar?
Qual o valor da cooperação?
Por que fazemos o que fazemos?
Qual o sentido da vida?

Por participar com a família, desde a infância, de atividades na Igreja, refletia que uma das maneiras para a vida valer a pena seria servir a algum propósito do bem.

Em 1973, decidiu que vivenciaria de modo profundo a vida religiosa. Entrou para o convento da Ordem dos Carmelitas Descalços, obedecendo aos princípios da pobreza, castidade e obediência.

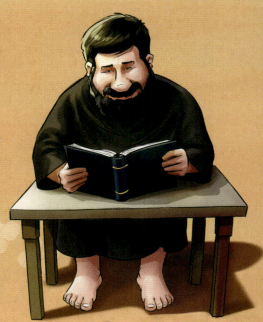

Lá, todos cuidavam da própria cela, nome dado ao quarto, e da subsistência, com horta e criação de animais. Faziam períodos de silêncio.

Oravam na capela. Televisão, apenas por uma hora diária, em grupo. Para ele, foi um período magnífico de aprendizado e convívio. Além disso, lapidou sua disciplina.

Tal qual as cidades de Londrina e de São Paulo foram mudando, expandindo-se, o jovem Cortella também. Ele gostava de se ver em mudança, ainda que algumas escolhas fossem mais difíceis.

Nessa mesma época, foi convidado para dar aulas na Faculdade Nossa Senhora Medianeira, um dos nomes da Faculdade Anchieta.

O gosto pela docência começou a ficar muito forte.

Passados três anos, Mario Sergio optou por encerrar sua passagem pelo convento.

Alterou a rota, sem, contudo, alterar o propósito, que era o de continuar na atividade com pessoas.

> Bento de Núrsia escreveu no século VI preceitos que servem como regras.
> Seu maior princípio: "Reza e trabalha!".
> Gosto também de: "É proibido resmungar!".
> Sim, pode ser proibido resmungar, mas não é proibido debater, discordar, discutir, dialogar.

Em seu novo caminho, acompanharia os estudantes nas suas formações e transformações, comunicando-se com eles, participando das emancipações. Como estava se formando, e já dava aulas, optou exclusiva e encantadoramente pela vida acadêmica, servindo à Educação. Em 1977, foi contratado como professor na PUC-SP (Pontifícia Universidade Católica de São Paulo).

— Muito bem! — assim começava suas aulas, e nelas incluía algumas atividades inusitadas: — Tragam para a próxima semana suas novas experiências sobre o que viram de diferente, o que leram ou assistiram, que alimento diferente experimentaram, qual novo som ouviram, o que de novo tatearam, um novo aroma que aspiraram.

E assim incentivava todos a dialogarem sobre suas experiências.

Noutras vezes, apresentava fatos históricos numa grande linha do tempo feita na lousa, descortinando épocas e acontecimentos junto aos alunos.

Com os textos e livros, sempre presentes, aprofundavam leituras e discussões sobre os mais variados conceitos.

A isso tudo chamava de ampliação de repertório. Aumentava a bagagem sociocultural dos estudantes e de si, tanto pelo conhecimento e pelas reflexões, quanto pelo compartilhamento de suas histórias de vida e vivências culturais, como no teatro, na dança, na gastronomia, na música, na escultura...

Agora, ele era o professor Cortella!

No percurso como professor universitário na PUC, ministrou concomitantemente aulas em muitos setores da Educação, trabalhando em vários locais, em diferentes épocas, de manhã, à tarde e à noite.

Cortella foi professor de futuros teólogos, pedagogos, professores, mestres e doutores, médicos, administradores e pesquisadores. Sempre atuante, participou de inúmeras diretorias e conselhos.

Professor convidado em curso de extensão do Departamento de Medicina Social da Santa Casa de São Paulo, do programa de Educação Continuada da Fundação Getúlio Vargas, da Faculdade São Luís e da Fundação Dom Cabral.

Membro do Conselho de Ensino e Pesquisa da PUC; da Associação dos Professores da PUC-SP (APROPUC); do Conselho de Finanças e Administração da PUC; do Conselho de Curadores da Fundação Padre Anchieta (Rádio e Televisão Cultura); do Conselho Coordenador da Escola do Professor – Pós-Graduação do Sinpro – PUC-SP (Sindicato dos Professores); do Conselho Diretivo do Centro de Documentação e Estudos da Cidade de São Paulo (CEDESP); da Assessoria de Comunicação Institucional da PUC; do Conselho Gestor da Comissão de Direitos Humanos entre a PUC, Columbia University e a Universidade de São Paulo; e do Conselho Técnico Científico de Educação Básica da Capes (Ministério da Educação).

Mesmo com tantas atividades, sua energia era inesgotável para servir à Educação e por ela continuar trilhando e aprendendo.

Em seus estudos, seguiu para o mestrado. Foi orientado pelo professor Moacir Gadotti, que o apresentou a Paulo Freire, o mestre que, futuramente, se tornaria não só seu orientador no doutorado, como também um amigo de sonhos, utopias e projetos.

Quando Paulo Freire foi indicado, em 1989, para assumir a Secretaria da Educação da cidade de São Paulo, convidou o professor Cortella para integrar sua equipe. A intenção de Paulo Freire foi implementar projetos durante os dois primeiros anos na função de secretário. Depois, voltaria às suas atividades ao redor do mundo.

Em 1990, Cortella era o chefe de gabinete e substituto eventual do secretário.

No ano seguinte, quando se encerraram os dois primeiros anos da gestão Paulo Freire, Cortella foi convidado para ser o novo Secretário de Educação da cidade de São Paulo.

Assumido o cargo, ele continuou a aplicar as ações em andamento: democratização do acesso e da permanência na escola, democratização da gestão, nova qualidade de ensino e educação de jovens e adultos. Nessa época, Cortella passou a dar várias entrevistas para diversos canais da mídia sobre a educação paulistana e brasileira.

Como diria seu mestre Paulo Freire, "a vida vai dando sinais dos caminhos futuros...".

Democracia não é ausência de ordem, é ausência de opressão.

Cortella continuou como professor por 35 anos em vários cursos de graduação e pós-graduação na PUC-SP.

No tempo de deixar a universidade, ele não desistiu da Educação. Ao contrário, ampliou seu caminho, ministrando palestras em diversas escolas e universidades, conjugando o verbo esperançar, como ensinou Paulo Freire, não no sentido de quem apenas espera, aguarda, mas no sentido de quem vai em busca, que faz e se refaz enquanto espera.

Cortella, com criatividade e graça, transforma o verbo esperançar em pessoas que colocaram a verdadeira esperança na vida das outras pessoas:

"Eu Madre Teresa; tu Madre Teresas; ele Madre Teresa.

Eu Gandhi; tu Gandhis; ele Gandhi.

Eu Francisco; tu Franciscas; ele Francisca.

Eu Mandela; tu Mandelas; ele Mandela."

Suas palestras, com aulas ao vivo, se estenderam para empresas, hospitais, bancos, prefeituras, institutos, trazendo cada vez mais pessoas para aprender com ele.

Cada vez mais conhecido, começou sua participação na mídia brasileira como filósofo e professor, trabalhando nas rádios Globo e CBN.

Na TV, participou como comentarista do telejornal *Record em Notícias*. Foi apresentador e um dos idealizadores do programa *Diálogos Impertinentes*, resultado da parceria entre PUC-SP, Sesc-SP e *Folha de São Paulo*. Atuou no *Programa Modernidade*, na Rede Sesc-Senac, em rede nacional, e passou a ser colunista na *Folha de São Paulo*, no caderno Equilíbrio. Assumiu a *Coluna Panorâmica*, na revista *Educação*.

Estreou como comentarista no *Jornal da Cultura* e passou a ter participação diária na CBN, no boletim *Academia CBN*, e *Escola da Vida*.

Participou de incontáveis entrevistas, sendo comentarista sobre os mais diversos assuntos, sempre trazendo reflexões filosóficas e educativas em praticamente todas as redes de rádio e TVs brasileiras.

𝒞ortella foi expandindo sua visão de mundo, aprendendo, ensinando, sem, contudo, desistir de amar a Educação, a humanidade e as pessoas que faziam parte de sua vida privada. Dos amores, encontros e parcerias, vieram seus filhos André, Carol e Pedro. E dos seus filhos chegaram os netos e netas Anna Luisa e Antonio, da Carol; Rafael, do André; e Alice, do Pedro.

Para ele, uma das sensações mais gostosas da vida é perceber que não houve de sua parte a "desistência do cuidado". Costuma dizer que cuidar, formar e acarinhar são expressões da amorosidade verdadeira.

Ao ver seus filhos com muitas vivências, autônomos, com seus próprios filhos, Cortella se sente orgulhoso, não por soberba, mas pela alegria de ter contribuído para uma vida mais bonita, completa e exuberante através de seus descendentes.

Vendo-os, ele se recorda daquele menino nascido em Londrina e, com muita gratidão, de sua família, de suas vozes.

Suas memórias não trazem apenas alegrias, mas também lembram de partidas dolorosa de pessoas queridas. Seu pai faleceu aos 62 anos, e a mãe, aos 93. A partida precoce de seu irmão Étore, aos 49 anos, surpreendeu todo mundo, deixando Cortella muito triste. Étore era seu amigo e parceiro de todas as horas. Aquele que, ao encontrá-lo, sempre dizia: "Oi, bicho!".

Paulo Freire partiu dois dias antes da data marcada para a defesa do título de doutorado de Cortella, que passou por uma emoção muito grande quando, um mês depois, defendeu sua tese sem a presença do querido amigo e orientador.

Também outros amigos se foram, deixando saudades, como a primeira professora, dona Mercedes, e o amigo editor, José Xavier Cortez, que publicou muitos de seus livros, dentre os quais *A escola e o conhecimento*, fruto de sua tese orientada por Freire.

A vida tem chegadas e partidas, mas todas essas pessoas queridas continuam vivas em seu coração, com seus ensinamentos, memórias afetivas e amorosidade.

Cortella costuma pensar também nas pessoas que, apesar de vivas, estão deixando de viver. Pessoas que talvez não saibam repartir afeto, amizade e dedicação com as outras por não conseguirem amar...

O sofrimento de qualquer pessoa precisa ser olhado com compaixão, inteligência e compreensão.

Cortella seguiu a vida e tornou-se um grande escritor.

Escrevendo, chegou em 2025 com mais de 50 obras publicadas, somando 4 milhões de livros vendidos, incluindo títulos infantojuvenis. Os livros *Qual é a tua obra?*, *Por que fazemos o que fazemos?*, *Não nascemos prontos!*, *Viver em paz para morrer em paz* e *A sorte segue a coragem!*, tornaram-se *best-sellers* com mais de 4 milhões de livros vendidos. Cortella costuma dizer que até hoje sente a mão da professora Mercedes sobre a dele quando escreve.

Muitos parceiros participam dessa lista gigante em coautoria, dentre os quais:

Clóvis de Barros Filho
Eugenio Mussak
Frei Betto
Gilberto Dimenstein
Leandro Karnal
Leonardo Boff
Luiz Felipe Pondé
Marcelo Gleiser
Marcelo Tas
Mauricio de Sousa

Monja Coen
Paulo Jebaili
Pedro Bial
Pedro Mandelli
Renato Janine Ribeiro
Rossandro Klinjey
Silmara Casadei
Terezinha Rios
Yves de La Taille

Quando começa a pensar em suas obras, em tudo que já produziu, Cortella ainda sente-se aquele menino, cheio de ideias, esperança e imaginação, com afeto e coragem para fazer boas apostas nos jogos da convivência, da ética e da dignidade humana, como fazia no jogo de *bets*, lá da sua infância.

Animado, sempre se levanta às quatro horas da manhã. Com calma, enquanto ouve música, pensa, organiza as ideias de forma estruturada, escreve ou estuda para suas palestras.

em 2018, iniciou sua presença no mundo das redes sociais. E em menos de 10 anos alcançou mais de 23 milhões de seguidores em seus canais digitais, com forte presença em *sites* oficiais, *podcasts*, cursos *on-line*, histórias em quadrinhos e redes sociais. Além disso, também tem uma coleção de *souvenirs* pedagógicos vendidos em loja *on-line*. Ele acredita que essas ferramentas podem educar e ensinar em qualquer tempo e lugar.

Seus filhos André, Carol e Pedro têm suas próprias carreiras, mas o ajudam nas inovações tecnológicas, estratégias de amplificação de presença e direitos autorais. É mais um momento de aprender com os filhos, ele diz.

Premiado por sua capacidade de compartilhar conhecimentos e inspirar pessoas, ajudando-as no seu desenvolvimento pessoal, Cortella recebeu homenagens, como a de Cidadão Paulistano; Cidadão Espírito-santense; Cidadão Benemérito de Londrina; Cidadão Benemérito do Estado do Paraná e Cidadão Porto-alegrense.

Em 2025, recebe a Condecoração do Instituto Histórico e Geográfico do Estado de São Paulo com a Medalha Cívico-Cultural – Dom Pedro II pelos 50 anos de docência e relevantes serviços prestados à Educação.

Tipos diferentes de gente e todas, sem exceção, gente!

O professor Cortella nunca deixou de dar sua aula, aonde quer que fosse chamado, de forma presencial em teatros, escolas, bibliotecas, auditórios, ou a distância, em rádios, TVs, *podcasts*, jornais, redes sociais, plataformas digitais, e mesmo por meio de seus livros para jovens, adultos e crianças, sempre recheados de reflexões, pensamentos, sentimentos e diálogos.

A forte voz que expressa seus conhecimentos, sua inteligência brilhante e humanizada, mais parece uma voz cantada com sotaque do Sul do Brasil.

Suas peregrinações e livros já avançam internacionalmente, com obras traduzidas no México, Espanha, Colômbia e Argentina. Além disso, o professor tem ministrado palestras e lançado livros em Portugal.

Os ensinamentos de Cortella reverberam em milhares e milhares de pessoas. Afinal de contas, sabedoria é para ser compartilhada.

E foi assim que ele pegou a sua sala de aula e passou a abrir muitas salas de aula no mundo.

Que consigam fazer valer em futuro não distante a intenção da poetisa Eve Merriam, nascida em 1916, quando dizia: "Tenho o sonho de dar à luz uma criança que me perguntará: 'Mãe, o que era guerra?'".

Obras de Mario Sergio Cortella publicadas no Brasil

1988 - Descartes, a paixão pela razão. São Paulo: FTD.

1998 - A escola e o conhecimento: fundamentos epistemológicos e políticos. São Paulo: Cortez.

2005 - Nos labirintos da moral (com Yves de La Taille). Campinas: Papirus.

2005 - Não espere pelo epitáfio. Petrópolis: Vozes.

2006 - Não nascemos prontos! Petrópolis: Vozes.

2007 - Qual é a tua obra? Inquietações propositivas sobre gestão, liderança e ética. Petrópolis: Vozes.

2007 - Sobre a esperança: diálogo (com Frei Betto). Campinas: Papirus.

2009 - Liderança em foco (com Eugenio Mussak). Campinas: Papirus.

2009 - Filosofia e Ensino Médio: certos porquês, alguns senões, uma proposta. Petrópolis: Vozes.

2009 - Filosofia e Ensino Médio: uma proposta – livro do aluno. Petrópolis: Vozes.

2010 - Política: para não ser idiota (com Renato Janine Ribeiro). Campinas: Papirus.

2011 - Vida e carreira: um equilíbrio possível? (com Pedro Mandelli). Campinas: Papirus.

2011 - Educação e esperança: sete reflexões breves para recusar o biocídio. São Paulo: Fundação PoliSaber.

2013 - Vivemos mais! Vivemos bem? Por uma vida plena (com Terezinha Azerêdo Rios). Campinas: Papirus.

2013 - Pensar bem nos faz bem! Filosofia, religião, ciência e educação. Petrópolis: Vozes.

2013 - Não se desespere! Provocações filosóficas. Petrópolis: Vozes.

2014 - Ética e vergonha na cara! (com Clóvis de Barros Filho). Campinas: Papirus.

2014 - Educação, escola e docência: novos tempos, novas atitudes. São Paulo: Cortez.

2014 - Pensatas pedagógicas. Nós e a escola: agonias e alegrias. Petrópolis: Vozes.

2015 - Educação, convivência e ética: audácia e esperança! São Paulo: Cortez.

2015 - A era da curadoria: o que importa é saber o que importa! (com Gilberto Dimenstein). Campinas: Papirus.

2015 - Pensar bem nos faz bem: família, carreira, convivência e ética. Petrópolis: Vozes.

2015 - Pensar bem nos faz bem: vivência familiar, profissional, intelectual e moral. Petrópolis: Vozes.

2015 - Pensar bem nos faz bem: fé, sabedoria, conhecimento e formação. Petrópolis: Vozes.

2016 - Por que fazemos o que fazemos? Aflições vitais sobre trabalho, carreira e realização. São Paulo: Planeta.

2016 - Verdades e mentiras: ética e democracia no Brasil (com Gilberto Dimenstein, Leandro Karnal e Luiz Felipe Pondé). Campinas: Papirus.

2017 - Basta de cidadania obscena! (com Marcelo Tas). Campinas: Papirus.

2017 - Felicidade foi-se embora? (com Frei Betto e Leonardo Boff). Petrópolis: Vozes.

2017 - Viver em paz para morrer em paz: se você não existisse, que falta faria? São Paulo: Planeta.

2017 - Família: urgências e turbulências. São Paulo: Cortez.

2017 - Vamos pensar um pouco? Lições ilustradas com a Turma da Mônica (com Mauricio de Sousa). São Paulo: Cortez/ Mauricio de Sousa.

2018 - A sorte segue a coragem: oportunidades, competências e tempos de vida. São Paulo: Planeta.

2018 - Vamos pensar + um pouco? Lições ilustradas com a Turma da Mônica (com Mauricio de Sousa). São Paulo: Cortez/ Mauricio de Sousa.

2018 - Gerações em ebulição: o passado do futuro e o futuro do passado (com Pedro Bial). Campinas: Papirus.

2018 - O melhor do Cortella: trilhas do pensar. São Paulo: Planeta.

2019 - Nem anjos, nem demônios: a humana escolha entre virtudes e vícios (com Monja Coen). Campinas: Papirus.

2019 - Filosofia: e nós com isso? Petrópolis: Vozes.

2019 - O melhor do Cortella: trilhas do fazer. São Paulo: Planeta.

2019 - Ainda dá! A força da persistência (com Paulo Jebaili). São Paulo: Planeta.

2020 - Felicidade: modos de usar. (com Leandro Karnal e Luiz Felipe Pondé). São Paulo: Planeta.

2020 - Viver, a que se destina? (com Leandro Karnal). Campinas: Papirus.

2020 - Vamos pensar também sobre valores? (com Mauricio de Sousa). São Paulo: Cortez / Mauricio de Sousa.

2021 - Quem sabe faz a hora! Iniciativas decisivas para gestão e liderança. São Paulo: Planeta.

2022 - Sabedorias para partilhar! Petrópolis: Vozes.

2022 - Ser humano é ser junto. São Paulo: Planeta.

2022 - O tempo e a vida (com Marcelo Gleiser). Rio de Janeiro: Record.

2022 - Diferentes, sim. Desiguais, jamais! (com Paulo Jebaili). São Paulo: Cortez.

2023 - O meu lugar no nosso lugar (com Paulo Jebaili). São Paulo: Cortez.

2023 - O que é a pergunta? – edição ampliada (com Silmara R. Casadei). São Paulo: Cortez.

2023 - As quatro estações da alma: da angústia à esperança (com Rossandro Klinjey). Campinas: Papirus.

2024 - Deus nos livre! Entusiasmos e desassossegos ligados a religião, religiosidade e espiritualidade. Petrópolis: Vozes.

2024 - Conectados, mas com cuidados! (com Paulo Jebaili). São Paulo: Cortez.

2025 - Faça o teu melhor! São Paulo: Planeta.

2025 - Não se esqueça!: 50 memorandos sobre gestão e liderança com propósito, comprometimento e proatividade. Rio de Janeiro: Record

Obras de Mario Sergio Cortella publicadas no exterior

1990 - A situação atual da educação no Brasil. Universidade de Estocolmo (Suécia), em edição bilíngue (português/inglês).

2007 - No nascemos completos. Editorial Nueva Palabra - México

2015 - Qual é a tua obra? Editora Marcador - Portugal

2017 - Convivencia, ética y educación: audacia y esperanza. Editora Narcea - Espanha

2017 - Escuela, docencia y educación: nuevos tempos, nuevas actitudes. Editora Narcea - Espanha

2018 - Por qué hacemos lo que hacemos? Alienta Editorial - Espanha, Argentina, Colômbia

2018 - Por que fazemos o que fazemos? Editora Planeta - Portugal

2018 - Familia: urgencias y turbulencias. Editora Narcea - Espanha

Perfis oficiais de Mario Sergio Cortella nas redes sociais

- Instagram. https://www.instagram.com/cortella/

- Facebook. https://www.facebook.com/MarioSergioCortella

- LinkedIn. https://www.linkedin.com/in/mario-sergio-cortella/

- YouTube. https://www.youtube.com/canaldocortella

- TikTok. https://www.tiktok.com/@cortellaoficial

- *Podcast*. A grande fúria do mundo (com Pedro Cortella). https://open.spotify.com/show/1jUgW6O4LhMYv9y6nndE5j

- Loja *on-line*. Cortella – coleção especial (com André Cortella). https://umapenca.com/cortella

- Histórias e charges em quadrinhos. Cortella e Philó (com André Cortella). https://www.instagram.com/cortellaephilo/

- Plataforma de desenvolvimento pessoal e profissional. Saber Ampliado (com Pedro Cortella). https://www.saberampliado.com.br/

- *Site* oficial do professor Mario Sergio Cortella. MS Cortella (por André Cortella). https://mscortella.com.br/

Linha do tempo

1954 - Mario Sergio Cortella aos 6 meses, Londrina.

1956 - Com os pais Emília e Antonio aos 2 anos de idade.

1961 - Foto no Grupo Escolar Hugo Simas, aos 7 anos.

1977 - Professor por 35 anos na PUC-SP (Pontifícia Universidade Católica).

1989 - Assessor Especial do Prof. Paulo Freire na Secretaria Municipal de Educação de São Paulo.

1991 - Secretário Municipal de Educação na Cidade de São Paulo.

1990 - Lançamento do livro *A situação atual da educação no Brasil*, pela Universidade de Estocolmo (Suécia), edição bilíngue (português/inglês).

2018 - Inicia sua presença orgânica no mundo das redes sociais, atingindo em menos de 10 anos mais de 23 milhões de inscrições em todos os seus canais.

2019 - Inova com seu primeiro curso *on-line* em vídeo: Filosofia: e nós com isso?

2023 - Até aqui já havia publicado 50 livros, incluindo seu maior *best-seller*: *Qual é a tua obra?* Autógrafo do livro: *O que é a pergunta?*

2023 - Palestras em Porto e Lisboa: Portugal.

1965 - Aos 11 anos, passa a cursar o ginásio no Colégio de Aplicação, ligado à Universidade Estadual de Londrina (UEL).

1966 - Fanfarra com os colegas do ginásio, em Londrina, aos 12 anos.

1973 - Vida monástica no convento da Ordem dos Carmelitas Descalços, aos 18 anos.

1974 - Ponta-direita do time de futebol do convento, aos 20 anos.

1995 - Programa *Diálogos Impertinentes* - TV a cabo (Produção: PUC-SP, *Folha de S.Paulo* e Sesc-SP).

2011 - Estreia como comentarista do *Jornal da Cultura*, da TV Cultura.

Desde 2012 - *Reflexões Filosóficas* na Rádio CBN.

2023 - São lançadas as tirinhas Cortella e Philó. As histórias em quadrinhos e charges trazem um inédito formato para suas obras.

2024 - Inicia a participação na plataforma Saber Ampliado, que concentra seus cursos das mais diversas áreas do conhecimento.

2024 - Palestra em Novo Hamburgo, Rio Grande do Sul, 2024.

2025 - Lançamento da Biografia Ilustrada em homenagem aos 50 anos de docência do Professor Cortella, da autora Silmara R. Casadei.

47

Silmara Rascalha Casadei

Silmara Rascalha Casadei escreve muito desde criança, sempre se interessando por livros, histórias de vida inspiradoras e pela Educação. Foi professora e diretora de escola por mais de 30 anos. É autora de 34 livros infanto-juvenis, dentre os quais muitas biografias ilustradas; da Coleção *A menina e seus pontinhos*; *Chinelinhos brasileiros*, *O pequeno mundo criativo*, *O que é a pergunta?*, com Mario Sergio Cortella, todos pela Cortez Editora. Silmara é Mestre e Doutora em Educação: Currículo. MBA em Desenvolvimento e Gestão de Pessoas e Psicanalista. Mentora do Saber Ampliado. Apresentadora do *podcast*: Aprender a Vida Inteira. Condecorada com o Colar do Centenário pelo Instituto Histórico e Geográfico do Estado de São Paulo pelo conjunto da obra e com o Grau de Dama pela Secretaria da Educação do Estado de São Paulo pelos relevantes serviços prestados à Educação.

Ednei Marx

Nascido em São Bernardo do Campo (SP), Ednei Marx descobriu seu gosto pelo desenho na infância e desde então seguiu seu sonho de tornar-se ilustrador. Iniciou a carreira como caricaturista ao vivo e, ao profissionalizar-se como ilustrador, fundou o Studio58 em 2002, em São Paulo. Graduou-se em Artes Visuais com extensão em Linguagem Cinematográfica. E em mais de 30 anos de trabalho, especializou-se em criação de personagens, linguagem de histórias em quadrinhos e ilustração científica. Seu portfólio diversificado inclui ilustrações para livros didáticos, paradidáticos, campanhas publicitárias e projetos de turismo. Notavelmente, é o ilustrador das tirinhas do Professor Cortella e Philó. Desde 2013, reside na Serra Gaúcha, onde encontra inspiração nas deslumbrantes paisagens locais para continuar sua trajetória criativa.